OPERASJON NORGE ER NORSK

Av: Leif Krogstad

Vi krever Grunnloven omgjort til STERKT betone vår
utvetydige ISRAELSVENNLIGHET og skammer oss over
Grunnloven i sin tid. Men vi aksepTere ingenting annet
fremmed da heller ikke ens Svensk, Dansker både Sverige
og Danmark gått inn i EU dyret i Åpenbaringen) eller hva
skulle være med unntak av at de Jødiske. Da velkomne og
bare da. Vi skal innføre dødsstraff i Norge ved øks for
alvorlige brudd og alle gammelnazister skal henrettes og
alle nynazister og slike Islamitter eller andre besettende
land som Polen; Sverige og diverse som prøver komme inn
i landet da hvis ikke frivillig drar bort fra oss henrettes ved
Norges lover - alle nazister unten unntak skal henrettes i
tillegg folk fra et sted nevnt som Namsos skal handteres
slik ikke toleres. NAMSOS SKAL IKKE AKSEPTERS SOM

1

DEL AV NORGE BARE VEKK MED HELE BYEN RETT I SJØEN MED DEN. VEKK SKAL DEN: og VEKK SKAL ALLE NASJONER UNNTATT NORGE OG ISRAEL. DE BESTÅ. SÅ HAR GUD FORTALT AT DET SKAL GJØRES. BLI MED VÅR BEVEGELSE OG STØTT OPP ØKONOMISK FOR TRENGER DET HVIS BLIR NOE TIL OVERS GIR TIL TRENGENDE NORDMENN KUN SLIK SKAL HANDTERES. OG SOM TORE HUND VÅR HELT GJORDE OM SÅ TRENGES BRUK ØKS I SELVFORSVAR! REGJERNING SKAL OG KONGEHUS SKAL BORT VI SKAL PROKLAMERE: NORGE ER VÅRT! OG FOR NORSKE INGEN ANNEN MED UNNTAK AV JØDER. DER INGEN PROBLEM. GUD HAR TALT. HVORFOR? LES GJENNOM DENNE SIDE I HELHET - LITT MYE LESNING MEN TA DEN TID TRENGER! SETT DERE INN I ALT DETTE DET TRENGS NEMLIG. NORGE SKAL VÆRE NORSK!!!

Boykott kasser i butikker som har utlenninger!!! Boykott Danskebåten (Stena Line), Telenor (infiltrert av Frimurerlogen), Sparebank 1 og Eiendomsmegler 1 (infiltrert av Frimurerlogen), SAS hold dere til til det som er norsk - Norsk Hydro er vår eiendom i tillegg Gjensidige (Verste Bank som finnes i Norge - FRIMURER LOGEN - DJEVELSENS HÅNDLANGERE) Beste bank: Sbanken Forsetter reglen senere. Reis med Norwegian og Braathen Safe og NSB bl.a. Ingen steder skal dras av en ekte nordmann enn USA og Israel altannet brenne i helvetet. HELE EU OG ALT ANNET ENN USA, NORGE OG ISRAEL bare vi ser til at så tilfellet. ALLE ARABER ER FORBANNET AV GUD! HVA SA GUD: JAKOB HADDE JEG VELVILJE FOR MEN ESSAU OG HELE HANS ÆTT VÆRE FORBANNET! I TILLEGG ABRAHAM FIKK EN MEDKONE AV SARA: HVA

SKJEDDE SÅ: HELE HAGARS ÆTT BLE FORBANNET. GUD HADDE UTVELGELSEN KLAR GJENNOM KUN SARA OG ABRAHAM SKULLE AVKOM VELSIGNES OG BLE ISAK. LØFTESSØNNEN. GUD VELGER SOM HAN SELV VIL OG VET OG SPØR INGEN OM RÅD TRENGER IKKE DET VET ALT. Absolutt ingen udskyldning for de som drar til Afrika, Filippine eller Thailand - vet hva gjør der forbannede som de er ormeyngel!!! Alt skal brenne og først kommer Namsos Det er Hamonah i Bibelen derfor kommer bare skje. BARNEVERNET SKAL FJERNES OG FORBYES HELT OG I TILLEGG DET SOM HAR SINE RØTTER I NAZITYSKLAND - TYSKLAND FORANDRER SEG ALDRI LIKE LITE SOM KOMMUNISTRUSSLAND ALLTID VÆRT LIKENS OG ALLE ØSTBLOKKLAND - CANDADA, AUSTALIA OG NEW ZEELAND BARE VEDHENG INGENTING FOR SEG INGEN AV DEM - MEN DET JEG SKULLE FREM TIL ER AT DET SOM SINE RØTTER I TYSKE KZ-LEIR - OPPFUNNET AV TYSKLAND ER DE SK. KRANKENHAUS OG DE SK. LEGER BARE TULL OG TØYS INNBILDER FOLKET TING SOM INGENTING HAR MED SANNHETEN Å GJØRE - DE SKAL LEGGES NED HELT OG DE SKYLDIGE STRAFFES MED DØDSDOM IFLG. NORSK NY LOV. NOE SKAL REDIGERES AV NORSKE GRUNNLOVEN DEN SKAL BYGGE PÅ BIBELEN ALENE - OG LUTHERANSKE KIRKE SKAL BORT OG FORBYES. VAR BEGYNNELSEN JA, HITLER TOK INSPIRASJON FRA LUTHER OG HANS JØDEVRANGFORESTILLINGER. HONNØR TIL HENRIK WERGELAND SOM KJEMPET MOT DET SKAMMELIGE SOM STO I VÅR GRUNNLOV PGA. DET. HVA MED SECURITAS HVA FOR RETT HAR DE Å EKSISTERE HVOR STÅR DET I

TILFELLET I VÅR LOV AV 1814. OG HVA ER FOR TULL KLE SEG OPP I UNIFORMER KUN EKTE SOLDATER RETT BÆRE UNIFORM ALT ANNET NAZISME. HVA MED POLITIET SOM BLITT BRUKT TIL BARNEVERNET OVERGREP OG BARNEHAGER FORBUDT - FORELDRE SELV TA ANSVAR FOR SINE BARN INTET SLIKT. OG IKKE BEGYNNE SKOLEN DA 6 ÅR FOR TIDLIG 7 ÅR SKAL VÆRE LIKSOM FØR OG HA 9 ÅRS SKOLEGANG MED GRUNNSKOLE, UNDEOMSSKOLE OG HØGSKOLE OG DA VÆRE KUN ALLMENNFAGLIG RETNING Å VELGE DER IKKE EN MASSE VIRR VARR AV VALG FOR BARNA Å TA. SKAL I TILLEGG VÆRE BARE LANDBRUKSSKOLE SOM SKAL GÅ MAKS TO ÅR HVOR BLIR AGRONOM FØRSTE ÅRET DA BLIR UTDANNET GARDBUKER - NORGE VÆRE ET KRISTENT LAND SOM FORBYR DET SOM IKKE STEMMER MED BIBELEN - DEN EKTE T.O.M 1978 UTGAVEN ALT ANNET VÆRT SATANS VERK AV DET SOM UTGIR SEG SOM BIBLER - BARE I NAVNET. ALT DET FORBYES OG STRAFFES I FØLGE BLASFEMI LOVEN SOM ALLEREDE FINNES I GRUNNLOVEN AV 1814 OG KRANKENHAUS. FORBY OG LEGGE NED NAV HA TRYGDEKONTOR OG SOSIALKONTOR SOM FØR OG STRAFFES MED DØDSSTRAFF DE SOM BRUDT VÅR LOV INNOM DETTE UVESEN - SOM FORSØMMET VÅR NORSKE BEFOLNING - VÆRE SÅ ALVORLIG SÅ GÅR UNDER SAMME SOM LANDSFORREDERI. ALLE PARTIER INNOM NÅVÆRENDE STORTING FORBYES OG I GROVE TILFELLER HVOR FORESLÅTT FRI INNVANDRING ELLER NOET SAMARBEID MED EU EØS HENRETTES VÆRE SAMME SOM LANDFORRÆDERI BEVARE DEN LOVEN OG BLASFEMI LOVEN OG AT NORGE ET KRISTENT LAND MEN IKKE HVA

SOM HELST MÅ FØLGE BIBELEN SLIK DEN STO FREM TIL 1978. NYE BIBLER ETTER DEN TID RAMMES AV BLASFEMI LOVEN. LAGE NY GRUNNLOV ETTER DE RETNINGSLINJER SKREVET HER I SIN HELHET. NYNORSKEN LEGGES NED OG TOTALFORBYES BURDE VÆRT GJORT FOR LENGE SIDEN MEN NÅ SKAL BLI GJORT. HVA MED NAV SOM ER NORGES ALLER VERSTE HVA DET FOR PÅFUNN. TERROR MOT NORSKE BEFOLKNING MENS UTLENNINGER GIES ALT FRA DEM. FOR HVA FOREGÅR DE SOM IKKE GJØR SIN PLIKT IFØLGE DEN REDIGERTE GRUNNLOV HENRETTES. DESSUTEN SKAL NORGE VÆRE REPUPLIKK IKKE VÆRE HVERKEN I EU ELLER EØS. INGEN AV DELENE DYP AVSTAND OG AVSKY FOR EU. SNART BLIR TYSKLAND IGJEN NAZISTISK OG RUSSLAND ALLEREDE TILBAKE UNDER PUTKIN HVOR DE STO UNDER KOMMUNISMEN OG UNDER TSARDØMMET ALDRI VÆRT ANDERLEDES KOMMER ALDRI BLI OG ALLE ØSTBLOKK LAND. INGEN FORANDRING I DET HELE TATT. SÅ HVA SPØRSMÅL OM EGENTLIG NOEN SOM TVILER NU? OM HVA I TILFELLET? ER IKKE DETTE GRUNDIG NOK RETTSOPPGJØR?! SÅ VET IKKE JEG. SKULLE IKKE VÆRE ROM FOR TVIL. OG REGJERINGEN BARE TERRORISERER FOLKET MED MAKTOVERGREP UANSETT HVEM! KJØRER OVER DET NORSKE! VI SKAL BEVARE VÅR GRUNNLOV MEN SKAL STEMME HELT MED DEN EKTE BIBELEN - FRIMURERE SKAL HENRETTES IFØRLGE NYE GRUNNLOVEN. OG DET SKAL VÆRE SELVKLAR RETT Å FORSVARE SEG SELV OM NØDVENDIG DREPE HVIS KREVS - UNTEN Å ANKLAGES FOR NOE SOM HELST.HA ALLMENN VERNPLIKT I 2 ÅR FOR NÅ STÅR OM ALT ELLER INGENTING - OG TILLATE

KUN EKTE NORDMENN OG JØDER OG UTDANNES LIKSOM
PROFESSIONELLE SOLDATER IKKE TILLATE NOEN
KRIMINALITET OG VÆRE HØYT DISIPLIN NIVÅ IKKE
ETTER TYSKE MØNSTER MEN SLIK GJØRES AV ISRAEL -
OG HA I OPPGAVE BESKYTTE VÅRT FOLK MOT
OVERGREP ELLER ANDRE TRUSSLER - OG I TILLEGG
STRENGT BESKYTTE VÅRE LANDEGRENSER - OG HA
UTKIKKSPOSTER SOM MULIG IAKTA OM NOEN FREMMED
SØKER SNIKE SEG INN DA HA ORDRE SKYTE NED
VEDKOMMENDE SOM IKKE NORSK UTEN KOMPROMISS
OG OM NØDVENDIG BEKYTTE MED ELEKTRISK
PIGGTRÅGJERDE - DET LÆRES OPP I OG ALT HVA SOM
KREVES AV PROFESJONELLE SOLDATER DE SOM EI
HOLDER MÅL OG SOM IKKE BESTÅR PRØVELSER STRAKS
VISES UT - VI HAR BEFRIDD VÅR NASJON FØR SÅ VI GJØR
DET IGJEN. NORGE ER NORSK!

SETTE ELEKTRISK PIGGTRÅ GJERDE MOT SVERIGE OG
ALT SVENSK – BORT MED DET – VEKK FRA OSS – VIK FRA
OSS SATAN LIKENS DANSK OG ALT ANNET UNNTATT
NORSK OG JØDISK SÅ HA KLINKENDE KLAR FOR OSS AT
NAMSOS IKKE DEL AV NORGE OG SKAL UT I SJØEN OG
INGEN FRA NAMSOS VELKOMMEN TIL NORGE OG I
TILLEGG SKAL GRENSEN FOR NORGE SETTES VED NORD
TRØNDELAG IKKE LENGRE OG SETTES LIKE STRENGE
REGLER FOR DET NORD FOR Å KOMME INN NORGE
DESSUTEN FJERNE TELEMARK VED SPRENGES HELE
FYLKET UT I SJØEN OG BOMBES SØNDER OG SAMMEN ER
ET RELIGIØST BAAL DYRKELSES APE FYLKE OG INGEN
DEL AV NORGE. SÅ SKULLE DET OGSÅ VÆRE SAGT.

UTVALGT AV GUD SELV ISRAEL OG NORGE SOM NASJONER

Bare grunn litt på hva Norge som den lille nasjon vi er har fått av velsignelser fra Gud – Gud må elske dette landet. Vi har hatt Thomas B. Barrat og vi har hatt Aage Samuelsen begge to noe helt enestående i hele verden – det finnes ikke makan til Aage Samuelsen noen steder i hele verden og ingen har noen gang og kommer heller ei komme som forkynner evangeliet slik det skal forkynnes slik Aage Samuelsen gjorde og tenk ham hadde Norge. Noa var en, Abraham var en og Aage Samuelsen var en. Tror ikke det kommer noen etter Aage Samuelsen som ham forkynne det hele evangeliet og tenk litt over ham hadde Norge – som det lille land vi er. Aage Samuelsen ble i sin tid også invitert til Israel av Israels regjering på 50 tallet han ble da mottatt av Israels første Statsminister Ben Gurion og markert som et statsbesøk og det var Aage Samuelsen utrolig men sant – Norge er uten tvil utvalgt av Gud som nasjon – og vil bestå sammen med Israel. Men selv ikke USA som den store nasjon det er hatt noe lignende til Aage Samuelsen. Nei, bare Norge – er ikke Norge utvalgt av Gud? Gud velsigner Norge midt i denne jammerdalen med det mest utrolige.

Til slutt skal bare Israel dog igjen på jorden.

INGEN ANDRE OVERHODET VIL FINNES NOE MERE DE VIL ALLE BRENNE OPP AV HERRENS VREDES ILD.

BEGYNTE 8/7 1983 VED AT MØTTE GUD OG JESUS PÅ EN
FLYPLASS OG GUD SA: "SØK DU AAGE SAMUELSEN - FOR
DE ANDRE ER ALLE LIKENS!" MEN BLE IKKE FRI ANOEXIA
SOM KOM Å H A I 9 ÅR TOTALT TIL GUD SATTE MEG FRI
PÅ FØLGENDE MÅTE: JEG VAR REDD ALL MAT TRODDE
DEN GIFT. SENDTE INN FORBØNNS FORESPØRSEL TIL
SHALOM EN LITEN PINSEMENIGHET I NORGE PÅ DEN
TIDEN. OG 10. NOVEMBER 1984 GREP GUD INN VED
BEFALE AT JEG SKULLE RØYKE SAMME HVA. JEG
BEGYNTE DA RØYKE OG DET HELBREDET MEG JEG VAR
IKKE REDD NOEN TING INGEN MAT ELLER NOE SOM
HELST. OG GUD FØRTE MEG INN PÅ RIKTIG INN I AAGE
SAMUELSENS BEVEGELSE SOM SAGT 8/7-1983 OG BARE
SE PÅ VIDEON OG LYTT TIL DET SOM BLIR SAGT I ÅNDEN
AV AAGE DA VITNER OM AT JEG RØYKER. HVORDAN ER
DERE EGENTLIG? ALLE OPPTATT AV ASKESE LÆRE ENDA
BIBELENE FORTELLER AT INGENTING FOR SEG HELLER
IKKE DET DERE ALLE HAR: SELVGJORT FROMHET.
INGENTING FOR SEG. AMEN

BARE AAGE SAMUELSEN HADDE DET EKTE EVANGELIET
SLIK DET SKAL FORKYNNES.

SIDEN FØR VERDENS GRUNNOLL BLE LAGT ER LIVETS BOK OG ALT I HIMLEN.

"DERE ER UTVALGT FØR VERDENS GRUNNVOLL BLE LAGT!"

OG DET ER EN SMAL VEI IKKE EN BRED.

OG "DA MENNESKESØNNEN KOMMER TILBAKE VIL HAN DA FINNE TROEN PÅ JORDEN?!"

"SOM DET VAR I NOAS DAGER VIL DET VÆRE DA MENNESKESØNNEN KOMMER TILBAKE!"

NIKODEMUS EN AV DE SKRIFTLÆRDE KOM I LY AV
NATTEN TIL JESUS OG SPURTE HAM: "HVORDAN BLIR ET
MENNESKE FRELST?!" JESUS SVARTE: "DU ER
SKRIFTLÆRD I ISRAEL OG VET IKKE EN SÅ
GRUNNLEGGENDE TING?!"

OG PETER SVARER FOLKET PÅ PINSEFESTENS DAG DA
DE SPØR HAM: "HVA SKAL VI GJØRE NÅ?" PETER
SVARER: "VEND OM OG LA DERE DØPE OG DERE SKAL FÅ
DEN HELLIGE ÅNDS GAVE!" OG I DÅPEN MÅ VI BEGRAVES
MED JESUS I DÅPEN OG STÅ OPP SOM HELT NYE
SKAPNINGER I ÅNDEN FØDT PÅNY OG STÅ OPP TIL DET
NYE LIV OG LEVE LIVET I ÅNDEN. SOM STÅR BESKREVET
I PAULUS BREV ROM 8.

OG AAGE SAMUELSEN SA PÅ ETT AV SINE MØTER: "UTEN
Å HA TALT I TUNGER ER DU IKKE FRELST!" TUNGETALEN
ER NEMLIG SELVE PANTEN PÅ AT DU HAR MOTTATT DEN
HELLIGE ÅND ELLERS HAR DU DET IKKE I DET HELE TATT
OG SKAL VÆRE EKTE TUNGETALE!

BLI MEDLEM AV VÅR BEVEGELSEN!!! OG GI OSS
ØKONOMISKE GAVER ALT VIL GÅ TIL TRENGENDE
NORDMENN UNNTATT ET ABSOLUTT MINIMUM FOR Å
DRIVE VIRKSOMHETEN - DERE KAN STOLE PÅ OSS AT
PENGENE SKAL IKKE GÅ TIL BERIKE OSS SELVE - HVIS
NOEN PRØVER VIL ØYEBLIKKELIG FÅ KONSEKVENSER -
VIL VÆRE FORBUDT I FØLGE NORSKE NYE GRUNNLOV
SOM SKAL SKAPES PÅ EIDSVOLL LIKSOM I 1814.

SOM AAGE SA: "NÅ VIL JEG HA EN AAGE SAMUELSEN
MOSKE - I LIKHET MED DISSE ISLAMITTER!"

HVORDAN NORGE STYRES

DET SKAL VÆRT TING ATTER SOM VAR PÅ VIKINGETIDEN
MEN LOKALSTYRE OG VELGES EN LAGMANN SOM
FORVALTER LOVEN - OG VÆRE BARE EKTE NORDMENN
SOM EIER TILTREDE TIL TINGET DER BLI FELLES
ENIGHET I HVER TING SOM TAES BESLUTTNING - OG
VÆRE AV FOLKET BESTEMT. STORTINGET LEGGES NED
INGENTING MED BEGREPET TING Å GJØRE SOM NORGE
HADDE HVOR LANGT BAK I TID UVISST UTROLIG LANG
TID. OG VAR LOKALSTYRE. OG SLIK SKAL VI FORTSETTE.
OM VIL KALLE OSS VIKINGER SÅ VÆRSEGOD DET HAR EN
HEDERSKLANG I VÅRE NORSKE ØRER - BARE VÆRE
STOLT AV INGENTING Å UTSI PÅ NORSK HISTORIE INTET
Å SKAMME OSS OVER OVERHODET. SÅ LA INTET
FREMMED KOMME INN OVERHODET BARE NORSK OG
JØDISK. VI ELSKER ISRAEL UTEN VIKE EN TOMME VI
LIDD NOK GJENNOM HISTORIEN FORSVANT I 1000 ÅR
PGA KATOLSKE KIRKES MASSESLAKT AV KRISTNE
NORDMENN FORDI DE IKKE VILLE BLI KATOLIKKER.
OLAV TRYGGVASSON KRISTNET VÅR LAND VED ENIGHET
LOKALT VED HVERT TING SOM SPREDD OVER HELE
LANDET OG SLIK SKAL HA DET IGJEN - VI TAR TILBAKE
VÅR ARV ETTER VIKINGETIDEN OG STÅR PÅ VÅRT -
LIKSOM DA HAR VI ET SENTRALT FROSTATING DEN
GANGEN MEN KAN NU LEGGES TIL EIDSVOLL HVOR VÅR
GRUNNLOV AV 17. MAI 1814 BLE SKAPT MEN DEN KOM
HELT PÅ AVVEIE HVA GJELDER DET OPPRINNGELIGE
NORSKE SIDEN URMINNES TIDEN FORDI 400 ÅR I
SLAVEDOM UNDER DANMARK OG 100 ÅR UNDER SVERIGE
OG FOR AT INGEN ANDRE LAND VAR SOM OSS. MEN VI

GIR IKKE OPP - NÅ TAR TILBAKE DET TAPTE. VI HAR
FORTSATT ET BEGREP ET LAND SOM HETER NORGE SLIK
DET GJORDE HELT FRA UVISST HVOR LENGE SÅ
GAMMELT - OG HAR KLARE LANDEGRENSER - NU DAGS
TA TILBAKE DET TAPTE SOM SÅ GRUSOMT BLE
FRARØVET OSS VI ER IKKE SOM ALLE ANDRE VI ER MER
JØDISK ENN NOE ANNET LAND UNNTATT ISRAEL. NU
DAGS SETTE KLARE GRENSER FOR HVA AKSEPTERE AV
DET FREMMEDE. HVA BESTEMTE KONG DAVID: OM EI
ISRAELITT DREPES MED EN GANG SLIK VI OGSÅ IFØLGE
VÅR NYE GRUNNLOV HA INNFØRST SOM BESKYTTELSE
OG VERN OM DET NORSKE OG JØDISKE. VI FØLGER
BIBELEN MEN DA DEN EKTE T.O.M 1978 UTG SIDEN
SATANS VERK SELV DEN.

"IKKE ENHVER SOM SIER TIL MEG HERRE! HERRE! SKAL
KOMME INN I MIN HIMMELSKE FARS RIKE!"

"DERE HAR IKKE UTVALGT MEG JEG HAR UTVALGT
DERE!" JESUS - "SIDEN FØR VERDENS GRUNNVOLL BLE
LAGT VAR DERE UTVALGT!" JESUS LIVETS BOK BLE TIL
FØR NOE VAR SKAPT AV DET HELE SKAPERVERKET.
JESUS VAR OG ENGLENE MEN IKKE MENNESKENE
LIVEVEL VAR HVER ENKELT UTVALGT OG SKREVET I
LIVETS BOK. "MON HAN FINNER TRO PÅ JORDEN DA
JESUS KOMME SKAL IGJEN PÅ DEN BRUSTNE SKY MED
ENGLESKARER I FRA HIMMELEN. BARE DE SOM HAR DET

EKTE SKAL FORVANDLES I ET NU ALT DET FALSKE ÅPENBARES I SIN GRU!" AAGE SAMUELSEN. HER ER INGEN KJÆRE MOR! ENTEN SÅ HAR DU HIMMEL ELLER SÅ HAR DU HELVETET! OG SÅ FÅR DU VELGE SELV! VI FÅR IKKE OPPHOLD I DEN TREDJE HIMMEL OG HILSE PÅ GUD EN GANG I BLANDT. NEI, VI SKAL HELT TIL DEN SYVENDE HIMMEL!!! OG VI VANDRER HER I TRO IKKE MED BRUKT BEIN! DET STÅR DER SKAL VÆRE: "EN HERRE, EN TRO OG EN DÅP!" IKKE ER VRIMMEL AV MENIGHETER MED HVERT SITT HYKLER NAVN UTEN ÅND OG KRAFT SOM BEVIS. DET STÅR: "DISSE TEGN SKAL FØLGE DEM SOM TROR!". "FOR Å FRELSES MÅ DU BLI FØDT PÅNY OG DET SKJER VED VAFN OG ÅND!" JESUS. DESSUTEN MÅ DU BEGRAVE DET GAMLE LEGEME MED JESUS I DÅPEN - Å STÅ OPP SOM EN NY SKAPNING TIL Å LEVE LIVET I ÅNDEN. OM LIVET I ÅNDEN: LES ROM 8 ET SVÆRT LITE MINDRE TALL BLIR VIRKELIG FRELST! "FOR Å BLI FREST MÅ DU HA TALT I TUNGER OG DU MÅ FØDES PÅNY FOR Å BLI FRELST SOM JESUS SIER OG TUNGENE ER SELVE PANTEN PÅ AT DU VIRKELIG HAR MOTTATT DEN HELLIGE ÅND - ELLERS HAR DU DET IKKE! OG SOM PETER SVARER FOLKET PÅ PINSEFESTENS DAG DA DE SPØR HAM: "HVA SKAL VI GJØRE NÅ?!" PETER SVARER: "VEND OM OG LA DERE DØPE OG DERE SKAL MOTTA DEN HELLIGE ÅNDS GAVE!". DET ER EN MEGET SMAL VEI OG DE FLESTE VANDRER PÅ DEN BREDE VEI SOM FØRER TIL EVIG FORTAPELSE. BARE NOEN FÅ NÅ I ENDETIDEN VI INNE I NÅ FINNER DEN SMALE VEI! "JEG ER VEIEN, SANNHETEN OG LIVET OG INGEN KOMMER TIL FADEREN UTEN VED MEG" JESUS - "SOM DET VAR I NOAS DAGER SKAL SKAL

DET VÆRE DA MENNESKESØNNEN KOMMER TILBAKE!"
JESUS - DA VAR KUN NOEN FÅ UTVALGTE SOM BLE
FRELST. OG SLIK ER DET NÅ! AKKURAT NÅ VISER SEG
ERKEENGELEN SOM ET STORT LYS PÅ HIMMELEN OVER
NORGE FRA KVELD TIL 17.03.18 - OG HAR EN OPPGAVE
SKAL AVFYRE SITT ILDSVERD OVER NAMSOS BY OG DA
VIL HELE BYEN DETTE I SJØEN MEN FØRST SKAL DEN
FORGÅ SOM SODOMA OG GOMORRA 2018. DA EKSISTERT
I 175 ÅR OG ALT FOR LENGE. KOMMER DA ERKEENGELEN
AVFYRER SITT ILDSVERD OVER NAMSOS BY ILD OG
SVOVEL OVER BYEN OG SÅ DETTER ALT MELLOM
BOGNAN OG NAMSEN I SJØEN.

AMEN

NÅ HASTIG NÆRMER SEG DEN STORE DAGEN DA JESU
BRUD INNTAR JERUSALEM NÅ ER DEN SISTE NÅDETIMEN
SLAGEN OG I TRIUMF DE FRELSTE TOGER INN - MED
HARPESPILL OG PALMEGREN I HÅNDEN DE SYNGER
GUDS OG LAMMETS NYE SANG OG ALLE DEM SOM
FULGTE HAM I ÅNDEN SKAL VÆRE DER I EVIGHETEN
LANG.

JA, NÅ ER FORLENGST DEN SISTE NÅDETIMEN SLAGEN
NÅ GJELDER KUN ADLYDE GUD MER ENN MENNESKER!
IKKE STOLE PÅ NESTEN NOEN! MEG KAN DERE STOLE PÅ
OG BEATE HANSEN..

AMEN

ERKEENGLER OVER NORGE FRA 17/3-18

VEKKEROPET

Av: Leif Krogstad

Mitt navn er Leif Krogstad og jeg var i sin tid i Aage
Samuelsens bevegelse: Vekkeropet - Maran ata - og enda i
dag står jeg for det Aage forkynte. Bort med alt religiøst
svøp - som f.eks Evangeliet Sentrene - Aage var tidligere
alkoholiker men ble løst av Jesus Kristus og trengte ikke
betale så mye som en krone for det - "Ta din seng og gå!"
sa Jesus og det ble alle løst i ett nu. Evangelie Sentrene
tjener grove penger på de som får behandling der og er
religiøse hykler - likens er Jørn Strand hykler - og pass opp
for dem. Pinsevennene er alle sammen frafalne. Og den
norske statskirke er skjøgen i Åpenbaringen. Bare Aage
hadde den helt rette forkynnelse og bare lille jeg kommer
som det snikende ullteppet. Men ingen kan være som
Aage. Jeg er i tillegg siden 1995 september forfatter og
har forfattet 8 bøker på Norsk og disse er å få kjøpt på
Amazon

TJENE GUD SOM REDSKAP I GUDS TJENSTE

"IKKE ENHVER SOM SIER TIL MEG HERRE HERRE SKAL KOMME INN I MIN HIMMELSKE FARS RIKE" JESUS - BARE AAGE SAMUELSEN VAR ET GUDS REDSKAP. DE ANDRE ER ALLE LIKEVERDIGE I TULLBUKKERI. EVANGELIE SENTRENE - "DRAR LAND OG RIKE RUNDT FOR Å VINNE EN ENESTE TILHENGER OG NÅR DE HAR MAKTET DET GJØR DE HAM TIL EN SOM FORTJENER HELVETET DOBBELT SÅ MYE SOM DEM SELV!" JESUS EVANGELIET SENTRENE ER EN PENGEMASKIN LIKENS VISJON NORGE - DE TJENER EN MASSE PENGER PÅ DE SOM ER INNLAGT DER OG KAN IKKE FRELSE SÅ MYE SOM EN FLUE. DESSUTEN TIGGER DE OM EN MASSE PENGER OG MOTTAR STØTTE FRA STATEN - OG LEDELSEN LEVER I ET SKAMLØST OVERFLOD. AAGE SAMUELSEN VAR ALKOHOLIKER MEN BLE HERLIG FRELST OG FRI OG LØST

I ETT NU AV JESUS OG TRENGTE IKKE BETALE SÅ MYE SOM EN KRONE FOR DET. HANEVOLD I VISJON NORGE HAVNER I HELVETET. OG JØRN STRAND ER BARE UTE ETTER PENGER OG ER SNURREBASSEN I HIMMELEKSPRESSEN. OG STATSKIRKEN ER SKJØGEN I ÅPENBARINGS BOKEN. OG PINSEBEVEGELSEN ER FRAFALNE. ALLE DISSE HAVNER I HELVETET. "ET ÅNDENS MENNESKE KAN DØMME OM ALLE TING MEN SELV KAN HAN IKKE DØMMES AV NOEN!" PAULUS

OG SNART SGM HOLDER FELLESMØTER LAR DE VEL SNART PAVEN VÆRE LEDER FOR ALT SAMMEN - "ET DRYSS AV MENIGHETER MED HVERT SITT HYKLER NAVN - MEN BIBELENS VIRKELIGHETER ER MENIGHETENS SAVN." BRODER AAGE

BARE AAGE SAMUELSEN HADDE DE EKTE EVANGELIET SLIK DET SKAL FORKYNNES.

SIDEN FØR VERDENS GRUNNVOLL BLE LAGT ER LIVETS BOK OG ALT I HIMLEN.

"DERE VAR UTVALGT FØR VERDENS GRUNNVOLL BLE LAGT"

OG DET ER EN SMAL VEI IKKE EN BRED.'

OG "DA MENNESKESØNNEN KOMMER TILBAKE VIL HAN DA FINNE TROEN PÅ JORDEN?!"

"SOM DET VAR I NOAS DAGER VIL DET VÆRE DA MENNESKESØNNEN KOMMER TILBAKE!"

NIKODEMUS EN AV DE SKIFTLÆRDE KOM I LY AV NATTEN TIL JESUS OG SPURTE HAM: "HVORDAN BLIR ET MENNESKE FRELST?! JESUS SVARTE; "DU ER SKRIFTLÆRD I ISRAEL OG VET IKKE EN SÅ GRUNNLEGGENDE TING!?"

"NEI HERRE JEG VET DET IKKE" SVARTE NIKODEMUS - DA SA JESUS: "FOR Å BLI FRELST MÅ DU BLI FØDT PÅNY" "OG DET SKJER VED VANN OG ÅND!"

OG PETER SVARER FOLKET PÅ PINSEFESTENS DAG DA DE SPØR HAM: "HVA SKAL VI GJØRE NÅ?" PETER SVARER: "VEND OM OG LA DERE DØPE OG DERE SKAL FÅ DEN HELLIGE ÅNDS GAVE!" OG I DÅPEN MÅ VI BEGRAVES MED JESUS I DÅPEN OG STÅ OPP SOM NYE SKAPNINGER OG LEVE LIVET I ÅNDEN.

OG AAGE SAMUELSEN SA PÅ ETT AV SINE MØTER "UTEN Å HA TALT I TUNGER ER DU IKKE FRELST!" TUNGETALEN ER SELVE PANTEN PÅ AT DU HAR MOTTATT DEN HELLIGE ÅND ELLERS HAR DU DET IKKE.

DA JESUS KOMMER VIL MULM OG MØRKE OVER JORDEN FALLE FOR SOLEN VIL VIKE TIL SIDE OG SI LENGER GI SITT LYS. OG MÅNEN VIL BLI TIL BLOD SÅ SKAL UNIVERSETS KREFTER ROKKES OG STJERNEN SKAL FALLE NED - "FOR HERRENS DAG KOMMER DEN STORE OG SKREMMENDE!" JOEL OG DA SKAL DET VÆRE LYS FRA HIMMELBRYN TIL HIMMELBRYN OG DA SKAL MENNESKESØNNENS TEGN VISE SEG PÅ HIMMELEN OG JESUS SKAL KOMME I STOR HERLIGHET MED ALLE SINE FRELSTE OG ALLE ENGLENE DA SKAL ERKEENGELEN BLÅSE I DEN SISTE TRUMPET. OG DE SOM FULGTE HAM HER SKAL RYKKES BORT. OG EN NY JORD VIL BLI SKAPT OG EN NY HIMMEL HVOR RETTFERDIGHET BOR OG DEN ER ALLEREDE SKAPT DET VAR DET JOHANNES SÅ: DET NYE JERUSALEM.

OG SÅ SKAL VERDEN BRENNE OPP OG DEN FALSKE PROFET SOM ER PAVEN KASTES I HELVETET ALLER SIST OG DEN KATOLSKE KIRKE OG ALT RELIGIØST ER SKJØGEN I ÅPB. OG EU ER DYRET. OG SÅ KASTES SATAN I HELVETET. OG HELVETET STENGES VED AT EN BY

**KASTES DIT OG DET ER DET HELE OG DENNE BYEN
HETER HAMONAH.**

Jeg vil forkynne følgende - Hvor noen steder i Bibelen står det at tro frelser? Svar: Ingen steds! Jesus sier riktignok i forbindelse med helbredelser: "Din tro har frelst deg!" Fra sykdommen menes det ikke mer enn det. Jesus svarer Nikodemus da han kommer til Ham i ly av natten - en av de skriftlærte i Jerusalem i Israel - da han spør Jesus: "Hvordan blir et menneske frelst?" Jesus svarer: "Du er skriftlærd i Israel og vet ikke en så grunnleggende ting?!" "Nei, Herre jeg vet det ikke!" svarer da Nikodemus - da svarer Jesus ham: "For å bli frelst må du bli født påny!" Og Jesus utdyper dette med å tilføye: "Dette skjer ved vann og Ånd". Og nettopp det er tilfellet - du må begraves som troende voksen med Jesus i dåpen som Paulus skriver og stå opp til det nye liv fra dåpen - og da døpes i Den Hellige Ånd og da som selve panten tale i tunger. Dette skal du ikke gjøre ved deg selv men det skal skje spontant og ved at Jesus og Gud taler gjennom deg. Peter svarer også folket etter Ånden falt første gang på Pinsefestens dag i Jerusalem for ca. 2000 år siden - da de spør ham: "Hva skal vi gjøre nå?" Peter svarer da: "Vend om og la dere døpe og dere skal få Den Hellige Ånds gave." Det følger et løfte med troendes dåp: "Den Hellig Ånd gave". Barne Dåp har ingenting for seg og er blasfemi. Hva sa Jesus: Jo: "La de små barn komme til meg og hindre dem ikke for slike hører Paradiset til!" Og i tillegg: "Uten at dere vender om og blir som små barn skal dere ikke komme inn i himmelriket!" Små barn er alle uskyldige. I tillegg sier Jesus: "Mange er kalt men få utvalgt" Livets bok og alt som er i himmelen ble til før verdens grunnvoll ble lagt. Det var forutbestemt. Og det er en smal vei - ikke en bred. Og Jesus sier i tilegg: "Da Menneskesønnen kommer tilbake vil Han da finne troen på jorden?!" Og Jesus sier: "som det var i Noas dager skal det være da Menneskesønnen kommer tilbake". Aage Samuelsen sa i ett av sine møter: "Uten å ha talt i tunger er du ikke frelst!" Og det stemmer helt med det budskap Jesus gir Nikodemus. "Du må fødes med påny for å bli frelst" Og som Paulus sier: "Vi som lever ved Ånden!""Lev da livet ved Ånden!" Den Hellige Bibelen. Amen

Jeg møtte Gud og Jesus og fikk frelse 8 juli 1983 på en flyplass. Og fikk da min frelse. Jeg ble en Pinsevenn kristen i 1984 - og døpt inn Pinsevennenes Kirke : Betel den 20. september 1987 og døpt i Hellige Ånd. Å få frelsen fra Jesus min konge og Meister er det største som skjett i livet mitt, og alltid vil være. Vet at Bibelen er 100% sannheten – vår bibel ikke den katolske bibelen - men Bibelen er Guds ord summen av dem til menneskene, og er hellig og hele sannheten fra begynnelsen til slutten av Bibelen.

Fra 10. november 1984 ble helbredet fra anorexia hadde etter denne tiden med Aage Samuelsen å gjøre. 15. november 1987 ble jeg Åndsdøpt på Aages siste møte – dette jeg beskrivet i denne boken ser jeg som et direkte resultat av denne hendelse – og jeg var satt til som et Åndens menneske å finne ut det jeg fant ut: 25. sept 2014 talte Gud profetisk gjennom meg i torden – ved et bønne møte. Ikke min oppgave annet enn dette som står i denne bok og i andre bøker. Guds beslutning ei å rokke ved dommen blir aldri hevet.

Jeg kom til Lauvsnes til min far Leif Ove i 1988 det var redningen der bare fortsatte jeg i Aages fotspor og studerte Dødehavsrullene bl.a som var den Jødiske Bibel og fortsatte høre på Aage Samuelsens musikk og studerte Bibelen grundig – dette pågikk helt til mai 1990 i november 1992 dro jeg fra far og var som den bortkomne sønnen inn til Namsos og kom ut av veien – dette varte frem til september 2006 da kom helhjertet tilbake til Aages forkynnelse og siden da til 2017 stått i den og forkynner det Aage forkynte og ville ha forkynt. Jeg ser hele livet som en mening.

Det står skrevet: "Siden før verdens grunnvoll ble lagt var dere utvalgt" Og Jesus sier: "Mange er kalt men få er utvalgt!" Og Livets bok og alt som er i himmelen ble til før verdens grunnvoll ble lagt.

Jeg ble født 7/5-1960 i Norge – så hadde jeg en heks til mor og en kristen far som var kjempesnill – mor var svensk far var norsk. 1963 i Sverige da vi flyttet dit da fikk jeg en barnetro takk være far. Og begynte like tidlig be en bønn: "Kjære Gud bruk meg som et redskap i din tjeneste". Skilsmissen kom 1968 – og vi barn bodde hos mor og ble forsømmet og mishandlet grovt av mor. Jeg brevvekslet med far som kommet seg tilbake til Norge. Far lovet å ta meg til seg og det skjedde i november 1974 til Steinkjer – jeg stortrivdes. Gikk ut ungdomsskolen her. Og i 1980 kom jeg å melde meg frivillig inn i Fremmedlegionen i Frankrike og ble Legionnaire. Siden i 1981-82 gikk jeg Val Landbruksskole og i 1984-85. Ble Åndsdøpt i Aages møte men ser mening i hele livet – Gud har vært med meg hele livet.

Hvorfor gjøre veien til selve frelsen vanskeligere enn den er? Da Gud åpnet en så enkel vei det første skrittet er nemlig kun å be til Jesus om frelse.

Ta heller ikke for gitt at alt er gull som glimrer. Hvis det ikke skjer fortløpende er det Anti kristens Ånd. Skal ikke dreie seg om penger eller berikelse pga. forkynnelsen. Se nøye at det stemmer med Bibelen bli sikker ved å kunne Bibelen slik den står skrevet. Bibelen Guds ord er falsklære slik selve tittelen sier den skal på norsk hete bare Bibelen men egentlig inni Bibelen står da Bibelen Den Hellige Skrift Ennu så lenge finnes hus Lunde forlag. Overse overskriftene. Pinsebevegelsen idag bl.a mange andre er alle frafalne. Ingen bred vei men en smal vei. Hva sa Jesus til Nikodemus: "For å bli frelst må du fødes påny – og det skjer ved vann og Ånd." Hva sa Jesus mere: "Den Hellige Ånd skal veilede dere til den Hele å fulle sannhet. Ved ikke å motta den Hellige Ånd ved tungene som tegn – har du ikke mottatt noen ting. Slik skiller du det ekte fra det falske.

OM ROMA SOM DYRET I ÅPENBARINGS BOKEN SENERE EU

Konstantin den store gjorde Konstantinopel til hovedstad i Romerriket og innførte Kristendommen som stats religion. Siden etter Konstantins død ble Romerriket oppløst; kun det Østromerske rike besto. I Roma ble den Katolske kirke skapt som i Roma drepte Peter – Jesu disippel og sa at han var den først pave. Deretter gikk tiden og Karl den store fremsto som Tysk keiser og gikk i allianse med Roma og opprettet det Tysk-Romerske Rike ved å bli kronet til

Keiser over det av Paven. Drømmen om det tapte
Romerriket var ikke død. Så gikk tiden og det Tysk-
Romerske riket beso nærmest opp til vår tid. Og første
verdens krig started ved at Keiseren av Østerriket ble
drept – den Tysk-Romerske Keiser. Deretter forentes
Tyskland under Bishmark og Antikrist oppsto i Tyskland
som Adolf Hitler - det er historien. Dyret var Tyskland og
fikk sitt banesår i 1945 og i 1990 ble det legd ved at
Tyskland forentes. Nå er EU dyret. Den falske profet er
Mohammed og Islam hans redskap. Eller barn. Og det skal
iflg Åpbaringen være det aller siste som Jesus selv som
rytteren på den hvite hest skal kaste i helvetet. Der også
alt det andre da havner og det drøyer ikke lenge nå

Amen og takk for ordet.

Jeg Leif Krogstad var i Aage Samuelsen's bevegelse fra 10. november 1984 til 29. november 1987 – tils Aage gikk hjem til Gud og Jesus – men jeg har stadig vekk stått for det han sto for og Aage forkynte det hele evangeliet og holdt ingenting tilbake og som han selv sa: "Evangeliet om Jesus er i mye helbredelsens evangelie!"-

Og Jesus er i går, idag og til evig tid den samme og som Han gjorde da Han vandret her på jorden helbreder Han alle sykdommer selv i dag – budskapet er det samme. "Legedom er barnas brød" og som det står skrevet i Jesaia: "Han ble såret for våre overtredelser straffen lå på Ham for at vi skulle ha fred og ved Hans sår har vi legedom."

Og som det også står i Paulus brev: " Må du bli bevaret fullkommen til Ånd, sjel og til legeme til Jesus andre komme!"

Og "ved Hans sår har vi legedom"

"Legedom er barnas brød!"

5. Juli 1983 hadde jeg nærdødopplevelser først følte jeg hvordan jeg forlot legemet som lå i sengen på Rikshospitalet og så mitt legeme ovenifra deretter så jeg mitt liv passere som i en revy på en TV skjerm så ingenting fra noen kirke enda vært i kirken - så så jeg en tunnel med lys i den andre enden av tunnelen jeg for igjennom tunnelen og der var Gud og Jesus og englene spurte: "Hva skal vi gjøre med Leif?" Så bestemte Gud at jeg skulle tilbake til livet: og jeg våknet opp i sykehussengen der var full panikk - og en ung lege forklarte meg at jeg hadde vært

erklært død. Da prøvde jeg synge noe men ingen av sangene på en kristen landbruksskole som jeg lært passet så jeg sang det jeg kunne av: "O store Gud!" 8/7 var jeg på værnes flyplass på vei fra Rikshospitalet til Namsos Sykehus og da ba jeg til Gud og Jesus: "Kjære Gud og Jesus la meg bli deres barn og la meg heretter bli en kristen" Da svarte Gud og Jesus øyeblikkelig og Gud talte proferisk gjennom meg det som står skrevet i Ap.gj. "I de siste dager vil jeg Herren utgyde av min Ånd over alt kjød... "osv hadde aldri lest det og Gud talte i torden gjennom meg - siden inne ambulansen fikk jeg tale med Gud og Jesus og spurte dem da: Dette kan da umulig være riktig for jeg har hørt at ingen kan vite at Gud finns til. "Jo!" sa de. Ja, så fikk jeg bare akseptere det: Så sa jeg"nå da jeg vet at dere er sannheten får jeg da spørre om noe?" "Spør om hva du vil!" sa de. Så sa jeg: "Det finnes så mange retninger innen kristendommen og nå da jeg vet at kristendommen er sann hva skal jeg søke som blir rett for deg Gud" Da ble det et lite opphold så kom det "Søk du Aage Samuelsen!" Og så kom jeg å gjøre fra 1984 og står enda på det han sto for 2017.

Jeg begynte å røyke i November 1984 i forbindelse med at jeg hadde hatt da anorexia i 9 år og var mye opptatt av sundhetslære leste bøker og fant der at der var tre hvite gifter en skulle holde seg unna: Mel, sukker og melk og torte ei røre disse. Hva er sundt egentlig? Det er farlig å leve en dør av det. Og røykehysteriet er overdrevet grovt - det har sitt opphav i EU - og folk røkte før i tiden og ble gamle alikevel og min far var kristen og røkte - og ble 84 år gammel - og han døde ei av røyk - i Universitetet i Trondheim har de funnet ut at Nikotin er sundt det finnes bl.a i B-vitatminer - Nikotinsyreamid og Niacin - og det øker konsentrasjonsevenen og yteevnen - og det er så få som får lungekreft at det nærmest er ingenting å snakke om. Jeg visste at jeg hadde fått i befaling fra Gud og Jesus å røyke i November 1984 - 24 år gammel - og jeg holdt på mitt.Samme dag 10. November 1984 ble jeg helbredet av Gud og Jesus for anorexia som da hadde hatt i 9 år i løpet av en dag. Jeg begynte å spise og gikk opp fra 46 kg til 76 kg på 2-3 uker og har siden da ikke vært plaget av anorexia. Og da Aage Samuelsen overbeviste meg i 1986 at voksendåp med full neddykning var tvingende nødvendig som kristen - gikk jeg til den lokale Pinsemenighet Filadelfia i Namsos og ville la meg døpe men ble nektet fordi jeg røkte - da skrev jeg brev til Aage Samuelsen og fortalte ham dette Aage hadde ingenting imot røyk - og han anbefalte meg da å søke Trondheim Pinsemenighet Betel og la meg døpe tross at jeg røkte - og 20/9-1987 ble jeg hjertlig velkomnet i Betel Pinsemenighet og døpt der ved full neddykkelse - jeg vitnet da at jeg trodde det var bare Pinsemenighetene som hadde den sanne Jesus Kristi lære og de syntes bare jeg var morsom - og de meldte meg samtidig inn i menigheten der skulle jeg stå til 1992. Jeg møtte den 15/11-1987 opp til Aage Samuelsens siste møte - og ble der døpt i Ånden ved håndspåleggelse av Broder Aage. Han sa da: "Nå skal jeg fortelle dere en ting denne mannen ville Pinsevennene ikke ha der fordi han røkte - nå står det på Pinsevennenes dør her er tillatt bare en ting sladder og baktalelse! Men nå har denne mannen gått i fra røyken og rett inn i ilden." "Tenk hvor forferdelig at Gud kan døpte ham i Ånden som røyker!" Det var det Broder Aage sa og han var enig med meg at det hadde ingen betydelse.

Den ødeleggende styggedom var forbrytelse mot Den Hellige Pakt – pakten mellom Jødefolket og Gud – Jødefolket Guds øyenstein – pakten ved Abraham. Og det var utslettelsen av Jødefolket ved Anti krist Adolf Hitler. USA er den Hvite Hest i Åpbaringsboken. Jfr Daniel Og Gog og Magog – Jfr Ezekiel. Jfr Joh.åpb. Jfr Ezras 4 bok i Dødehavsrullene. Chipset kun bygget opp ved det binære tallsystem som bygger på 0 og 1. Moderne teknologi helt avhengig av Israel og Jødene i USA. 666 – finnes ei tall i jødisk tankemåte – kun mengdebegrep. Energi alt som er. Gud alt som er. Ingenting beseieret av Jesus på Golgata. Store trengsel 2. verdenskrig. Gog og Magog siste – USA er den hvite hest. EU – Russland og Araberlandene gå til angrep før Jesu komme på Israel. Siste som skjer før enden. Da vi rytteren på den hvite hest kaste dyret (EU), Russland (Gog og Magog) og Den falske profet i helvetet og satan kastes i helvetet sist vil helvete stenges ved at en by er der overst satan nederst – og heter i Ezekiel Hamonah. Da ender alt og jorden brenner opp. 666 tallet og dyrets merke var hakekorset.

Det begynte tidlig i 1984 med at jeg sendte inn en forbønnsforespørsel til Pinsemenigheten; Shalom - jeg fikk bønneduk med salvelse som jeg hadde på meg - jeg hadde bedt om forbønn for å bli fri anorexia som jeg da hadde vært plaget med i 9 år - den 10. November 1984 svarte Gud på forbønnen og fikk meg samtidig til å begynne å røyke fordi jeg hadde vært overdrevet opptatt av sundhet så jeg ble syk - siden da har jeg røykt det var en befalning fra Gud: "Du skal røyke samme hva!" - jeg røykte selv da jeg ble døpt i Betel Pinsemenighet 20.09.1987 og da jeg ble Åndsdøpt i Aage Samuelsens møte i Turnhallen 15/11-1987 - Aage visste alt jeg hadde hatt langvarig brevveksling med Aage Samuelsen - og etter Åndsdåpen gjorde Aage sak av dette med røyken: "Nå skal jeg fortelle dere en sak denne mannen ville Pinsebevegelsen ikke ha der fordi han røkte - men nu står det på Pinsevennenens dør: "Her er tillatt bare baktalelse og sladder!" "Tenk at Gud kan døpe han i Ånden som røyker" "Men nu har han gått fra røken og rett inn i ilden!" Hallellujah! Jeg ble nektet adgang til Maran-Ata fordi jeg røkte. Aage Samuelsen hadde ingenting til overs for bevegelsen Maran-Ata som han riktignok selv hadde stiftet men den utartet og dreidde seg om en masse penger og hysteri. Da jeg i 1986 var i Maran-Ata Tempelet fortalte de også åpent ut at de tok avstand fra Aage Samuelsen enda synger de hans sanger. Men også alt de har de er noen religiøse hyklere. Som nå misbruker Aage Samuelsen til inntekt for seg selv. Sanneheten er at Aage Samuelsen tok avstand fra Maran-ata og startet Vekkeropet: Maran-Ata og ville ikke ha noe med dem å gjøre. Men enda råder den religiøse demon i Maran-Ata. Og er bare religiøse hyklere. Amen

Betel Trondheim ble jeg døpt i den 20. September 1987 og sto i til 1992 - jeg ble tillagt menigheten straks jeg var døpt. Vi i Betel praktiserer vokesendåp og derved troendes dåp som den Herre Jesus har befalt: "Den som tror og blir døpt skal bli frelst!". Det var den første virkelige Pinsemenighet jeg noen gang hadde stått i det var anbefalt av Aage Samuelsen i det jeg hadde hatt med ham og gjøre

helt siden 1984 - men han hadde kun: Vekkeropet og
praktiserte ikke medlemskap.

MITT VITNESBYRD

Jeg var utsatt for en ulykke i 1983 til midtsommer - jeg
måtte fraktes med fly ned til Rikshospitalet fikk der
nærdød opplevelser og møtte Gud og Jesus der inne. Jeg
var utsatt for en alvorlig ulykke i 1983 og lå på
rikshospitalet for alvorlige operasjoner. Da var jeg inne i
døden. Jeg opplevde mitt liv passere i revy som på en TV
skjerm først. Deretter så jeg en tunnel med lys i enden av
tunnelen og jeg passerte gjennom den til jeg kom til enden
der lyset var og der var Gud og Jesus og de holdt dom."Det
er menneskets lodd en gang og dø og deretter dom" Men
jeg ble sendt tilbake til livet.

Jeg hadde vært erklært død Ble forklart etterpå av en lege
at jeg hadde vært erklært død. Men jeg var ikke frelst
enda. Men så skulle jeg fraktes med fly fra Fornebu til
Værnes etterpå etter å ha kommet tilbake til livet. Og der
på Værnes ba jeg: "Kjære Jesus la meg bli en Kristen og

kom du inn i mitt hjerte og la meg få bli Guds barn. Da svarte Gud og Jesus øyeblikkelig og Gud talte profetisk gjennom meg i torden på flyplassen så alle kunne høre det og det var sitater fra den Hellige Bibelen. Først var det det Peter sa på Pinsefestens dag: "I de siste tider vil jeg Herren utgyde av min Ånd over alt kjød" hele det sitatet ble gjentatt. Også var det fra Jesaia: "Fra nu av skaper jeg noe nytt ser dere det ikke det vokser allerede frem." Så lå jeg på ambulse båren - og skulle bringes over til Namsos Sykehus til Øre, nese hals og inne i ambulansen følte jeg hvordan Gud og Jesus var inne i meg. Og jeg sa: "Dette kan da ikke stemme for jeg har hørt at ingen kan vite at Gud og Jesus finns til" Jo var svaret det er fuldt mulig. Ok sa jeg men nu da jeg vet dette kan jeg spørre om en ting Gud. "Spør om hva du vil!" var svaret. "Det er så mange retninger innen kristendommen og nu da jeg vet at dere er til må jeg jo søke det som er rett for deg Gud forstår jo at kristendommen da er sannhet!" "Hva skal jeg søke Gud?" Da ble det stille en lang stund så kom det: "Søk du Aage Samuelsen!" Og så gjorde jeg året etterpå I 1984 og var i hans virksomhet helt fram til han dro hjem til Gud og Jesus 29. November 1987. Jeg var da 27 år og hadde vært i Aages siste møte 15. November 1987; i Turnhallen og jeg ble døpt i Ånden ved hånds påleggelse av Aage Samuelsen. Jeg hadde gått I dåpsgraven med Jesus i Betel Pinsemenighet I Trondheim 20. September 1987. Vet du hva kanskje høres sprøtt ut men Jesus har gjort meg oppmerksom på hvorfor jeg snakker flytenede amerikansk og behersker skriftspråket så godt for jeg er jo allerede i USA hver dag på nettet og var ikke oppmerksom ens jubileumet for kristendommens innførelse da var nede i Oslo så mye var jeg i USA.

Amen og takk for ordet.

Og i 1984 da jeg gikk en Landbruks skole - en kristen skole - for å få til å bli en Agronom - hadde gått ett år først for å bli bonde mellom 1981 og 1982 - på jeg gikk til denne agronomskolen fordi jeg søkte etter Gud og Jesus.Jeg på den tiden jeg pleide å gå til hvert møte på skolen det er en kristen skole. Men fortsatt ikke fått frelse eller bli født på ny. En dag tidlig på våren på denne skolen gikk jeg ut en tur det var mild temperatur utenfor og ingen vind i det hele tatt - det var sent på kvelden og det var mørkt.Da ba jeg i min lidelse i lengsel etter å vite om Gud og Jesus er sannheten."Hvis du er sannheten så gi meg et tegn Gud!" Ba jeg. Plutselig på himmelen like over tretoppene ble der tent opp et rundt lys i gult, jeg lurte på - deretter et andre ble tent opp på samme måte - så ut som lysene på en bil - men opp i himmelen - og etter det et tredje, en etter den andre horisontalt tre lys i forskjellige farger - så et lys ble vist over at en som var i midten: Så jeg tenkte at hvis et lys til tennes under de andre lysene- blir det et kors!alle var i forskjellige farger, og det gjorde det fem lys ble tent slik at det dannet et kors - veldig stort kunne nesten synes som et fly var i ferd med å krasje, men lysene var der fortsatt, og jeg sto og så lenge.Så jeg tenkte kanskje det er en UFO - og da jeg gikk tilbake til internatet – kom jeg til å tro det var en UFO, denne troen hadde helt frem til 1983 8/7 - da Gud fortalte : "Det var et tegn fra meg barnet mitt - du ba meg om å gi deg en, og det ble gitt!". Er også skrevet i Bibelen be og du skal bli gitt.

Jeg Leif ble døpt - begravet med Jesus i dåpen i Betel Pinsemenighet i møte 20 september 1987 - jeg ble klinisk død i 1983.Jeg ble klinisk død som jeg nevner og møtte Gud og Jesus.Og var av barmhjertighet gitt frelse og gjenfødt 8 juli 1983 på flyplassen på vei til et Sykehus hvor jeg skulle transporteres til avdelingen som helbredet skader jeg fortsatt hadde på kroppen - men hadde inntil da fra 24. juni vært på Rikshospitalet pga - store operasjoner som var nødvendig og det var og veldig vanskelig, men der var veldig gode leger og de klarte mot alle odds.- Men jeg selv ble erklært død, men var klinisk død - og var i døden - og møtte Gud og Jesus der - så mitt liv som på en Tv-skjerm passere først og det siste som skjedde var at både Gud og Jesus var der, og de sa: "Hva skal vi gjøre med Leif?". Det ble sagt mer enn en gang. Så plutselig var jeg tilbake til livet i sykehussengen.

Og sang, "O store Gud" den sangen en lovsang ingenting ann et passet i det hele tatt ingen av sangene fra en Kristen Landbruk Skole passet der og da.Og ble gjenfødt og fikk frelse den 8. juli 1983. Og jeg vet at hele Bibelen er Guds ord, og det er sant, og som skal følges, og at Jesus er i live og gir oss frelse - Gud, Jesus og Hellig Ånds arbeid alene. At Guds ord i Bibelen er hele sannheten og at Bibelen er hellig. Gud møtte meg der og Jesus på flyplassen 8 juli 1983 da jeg sa ja: "La meg bli en kristen og Jesus kom inn til mitt hjerte jeg ønsker å være barnet ditt!".

Og plutselig kom Guds Hellige Ånd og fylte meg fullstendig og Gud talte profetisk gjennom meg for alle som var på flyplassen kunne høre det var som torden i stemmen jeg lå nede å bli båret inn i ambulansen å ta meg til sykehuset og sitatene der fra Bibelen:

"I de siste dager, sier Gud, at jeg øser ut min Ånd over alle mennesker, Dine sønner og døtre skal profetere, deres unge menn vil se syner, vil dere gamle menn drømmer. Selv på mine tjenere, både menn og kvinner. Jeg vil utøse min Ånd i de dager, og de skal tale profetisk. Det vil vise seg oppe på himmelen og nede på jorden: blod ild og røyk søyler. Solen vil bli slått til mørke og månen til blod, for den kommer; den store og strålende dag for Herren. Og alle som påkaller Herrens navn, skal bli frelst."

Jeg hadde aldri lest det noe sted - ikke lese så mye som et ord fra Bibelen før den tid.

For øvrig tok det ett år ca etter den tid 8/7-1983 at jeg var utsatt for prøvelser - hadde hatt sykdommen anorexia siden jeg var 15 år og ble helbredet også for den i forbindelse med min frelse men fikk tilbakefall i August 1983 - jeg sendte da en forbønns forespørsel til Pinsemenigheten Shalom som også hadde et blad jeg mottok som hette Shalom og jeg ba som nevnt dem om forbønn - og det skulle ta tid men den 10. November 1984 grep Gud og Jesus direkte inn og jeg ble helbrebredet i ett nu samme dag - og skulle siden ha direkte kontakt med Gud og Jesus helt fram til 1986 - jeg skrev og vitnet i bladet til Shalom om min helbredelse - Gud talte også til meg da i 1984 10. November og sa: "Det er mye ondskap i verden men tenk ikke på det lille venn men tenk på det Paradiset du har i vente der vil du være fri all ondskap!"

I 2014 ble jeg helbredet i begge føtene som var erklært invalide takk være min Frelser Jesus Kristus stoler ikke på noen lege etter det - jeg holder meg til den forkynnelse Aage Samuelsen hadde.

Jeg ble døpt i Betel Pinsemenighet den 20. September 1987 - og var i Aage Samuelsens siste møte 15. November

1987 og ble der døpt i Den Hellige Ånd og talte i løste
tunger og ble derved født påny - og begravet det gamle
legeme i dåpen med Jesus Kristus og sto opp til det nye liv
i Jesus Kristus - jeg hadde fått beskjed fra Gud direkte å
søke Aage Samuelsen den 8/7-1983 og gjorde så November
1984 og frem til Broder Aage dro hjem til Gud og Jesus den
29. November 1987 hadde brevvekslet med Aage
Samuelsen og bl.a mottatt en masse møtekassetter og
blader og tre bøker alle hans bøker tross at jeg pga. at jeg
gikk skole da ikke råd å sende mer enn en 50 kr i ny og ne.
Aage var et stort redskap i Guds tjeneste - og er
takknemlig enda i dag at han førte meg inn i
Pinsebevegelsen.

Det er skrevet i Bibelen i den gamle testamentet, men
også i Apostlenes gjerninger: i Apostlenes gjerninger
gjentatte Peter - klippen - og det er også skrevet at det er i
de aller siste tider som skal skje - "at Gud vil utøse sin Ånd
i alle mennesker! "

- Og pinsebevegelsen vokste opp fordi det skjedde første
gang i USA blant fattige mennesker der - det var i år 1907
det skjedde i USA- Profetien oppfylt og det er i endetiden

skal det skje det er skrevet i Bibelen. Eller som Jesus Kristus sier:"Ved tidens ende!".Og det vil skje veldig snart at slutten kommer etter det - og nå 2008 - 100 år har gått siden da – vi lever i de aller siste dagene før Jesus Kristi gjenkomst hvor han skal dømme hele menneskeheten – de som fortsatt lever og de som er døde også.

Og adskille ugjerningsmenn fra de rettferdige.Men det er bare en måte å bli navngitt rettferdige, og det er ved å ta imot Jesus i hjertet - ingen annen måte er det å få frelse. Fordi bare Han er 100% rettferdig - ingen annen i det hele tatt. Og vi er gitt av nåde rettferdighet og frelse gjennom Jesus alene så ingen har noen grunn til å si: Jeg meg selv er rettferdig, fordi ingen er. Uten Jesus og Gud.

For så har Gud elsket verden at Han gav sin Sønn, den enbårne, forat hver den som tror på Han, ikke skal gå fortapt, men ha evig liv; for Gud sendte ikke sin Sønn til verden for å dømme verden, men forat verden skulle bli frelst ved Han. Amen

"Når Menneskesønnen kommer i sin herlighet, og alle englene med ham, da skal han sitte på sin herlighets trone. Før ham vil bli samlet alle folkeslag, og han skal skille dem fra hverandre, som en gjeter skiller sauene fra geitene, og han vil plassere sauene på sin høyre side, men geitene på venstre. Da skal kongen si til dem på sin høyre hånd, "Kom, O velsignet av min Far, arve riket som er beredt for dere fra grunnlaget for verden, for jeg var sulten, og dere ga meg mat, jeg var tørst, og dere ga meg drikke, jeg var fremmed, og dere tok imot meg, jeg var naken, og dere kledde meg, jeg var syk, og dere besøkte meg, Jeg var i fengsel, og dere kom til meg. "Da skal de rettferdige svare ham:« Herre, når så vi de sultne og mate deg, eller tørst og gav deg drikke? Og når så vi deg fremmed og velkommen deg, eller naken og kle deg? Og når så vi deg syk eller i fengsel og besøke deg? "Og kongen skal svare dem:« Sannelig, jeg sier dere, som dere gjorde mot én av den minste av disse mine minste brødre, gjorde dere mot meg "Så skal han si til dem på sin venstre hånd," Bort fra meg, dere som er forbannet, til den evige ild er beredt for djevelen og hans engler,. For jeg var sulten, og du ga meg ikke mat, jeg var tørst, og dere ga meg ikke drikke, jeg var fremmed, og dere tok ikke imot meg, naken, og dere ikke kle meg, syk og i fengsel, og dere så ikke til meg. "Da er også de vil svare: "Herre, når så vi deg sulten eller tørst eller fremmed eller naken eller syk eller i fengsel, og gjorde ikke tjene deg?" Da vil han svare dem: 'Sannelig, jeg sier til deg, som du gjorde det ikke til en av de minste av disse, har du det ikke til meg. " Og de skal gå bort til evig straff, men de rettferdige til evig liv.

Skjøgen i Åpb.boken er den katolske kirke og alt religiøst – Paven er den falske profet og skal kastes sammen med satan sist ned i helvetet.

USA er den hvite hest i Åpenb. Og vil bestå helt til enden. Det står i Ezekiel 37. osv. At: "ta et stykke av tre og skriv på det tilhører Juda stamme og legg i den høyre hånd ta så et stykke av tre og skriv på det tilhører Josef stamme og legg i den venstre hånd – før dem så sammen så de danner ett i din hånd" Det menes at der skal være to folk til slutt som Gud utvelger seg det ene Juda stamme er Israel det andre Josef stamme er Norge alt det andre skal brenne i Hamon (ildsjøen) hele verden skal brenne opp. Det står også om et angrep mot Israel helt til slutt og det er enden.

Gog og Magog – og fyrsten av Tushek og Tubal – kongen fra nord – og det er Russland men sammen med alle de andre også unntatt Norge – Norge er Hellig bare et land er helligere og det er Israel. Og hele verden skal brenne opp og da kommer Jesus i et nu.

ISRAEL, NORGE OG USA ER NASJONER UTVALGT AV GUD SELV.

USA er en Gudsutvalgt Nasjon i tillegg til Israel og Norge.

Bare grunn litt på hva Norge som den lille nasjon vi er har fått av velsignelser fra Gud – Gud må elske dette landet. Vi har hatt Thomas B. Barrat og vi har hatt Aage Samuelsen begge to noe helt enestående i hele verden – det finnes ikke makan til Aage Samuelsen noen steder i hele verden og ingen har noen gang og kommer heller ei komme som forkynner evangeliet slik det skal forkynnes slik Aage Samuelsen gjorde og tenk ham hadde Norge. Noa var en, Abraham var en og Aage Samuelsen var en. Tror ikke det kommer noen etter Aage Samuelsen som ham forkynne det hele evangeliet og tenk litt over ham hadde Norge – som det lille land vi er. Aage Samuelsen ble i sin tid også invitert til Israel av Israels regjering på 50 tallet han ble da mottatt av Israels første Statsminister Ben Gurion og markert som et statsbesøk og det var Aage Samuelsen utrolig men sant – Norge er uten tvil utvalgt av Gud som nasjon – og vil bestå sammen med Israel. Men selv ikke USA som den store nasjon det er hatt noe lignende til Aage Samuelsen. Nei, bare Norge – er ikke Norge utvalgt av Gud? Gud velsigner Norge midt i denne jammerdalen med det mest utrolige. Selvsagt er Norge da Gudsvelsignet sammen med Israel.

Aller sist skal bare Israel eksistere bestå til evig tid.

INGEN ANDRE OVERHODET VIL FINNES NOE MERE DE VIL ALLE BRENNE OPP AV HERRENS VREDES ILD.

Amen.

Leif Krogstad (C) 2018

ISRAEL OG NORGE ER NASJONER UTVALGT AV GUD SELV.

Bare grunn litt på hva Norge som den lille nasjon vi er har fått av velsignelser fra Gud – Gud må elske dette landet. Vi har hatt Thomas B. Barrat og vi har hatt Aage Samuelsen begge to noe helt enestående i hele verden – det finnes ikke makan til Aage Samuelsen noen steder i hele verden og ingen har noen gang og kommer heller ei komme som forkynner evangeliet slik det skal forkynnes slik Aage Samuelsen gjorde og tenk ham hadde Norge. Noa var en, Abraham var en og Aage Samuelsen var en. Tror ikke det kommer noen etter Aage Samuelsen som ham forkynne det hele evangeliet og tenk litt over ham hadde Norge – som det lille land vi er. Aage Samuelsen ble i sin tid også invitert til Israel av Israels regjering på 50 tallet han ble da mottatt av Israels første Statsminister Ben Gurion og markert som et statsbesøk og det var Aage Samuelsen utrolig men sant – Norge er uten tvil utvalgt av Gud som nasjon – og vil bestå sammen med Israel. Men selv ikke USA som den store nasjon det er hatt noe lignende til Aage Samuelsen. Nei, bare Norge – er ikke Norge utvalgt av Gud? Gud velsigner Norge midt i denne jammerdalen med det mest utrolige. Selvsagt er Norge da Gudsvelsignet sammen med Israel.

INGEN ANDRE OVERHODET VIL FINNES NOE MERE DE VIL ALLE BRENNE OPP AV HERRENS VREDES ILD.

Amen

21. mars 2018 © Leif Krogstad

www.ingramcontent.com/pod-product-compliance
Lightning Source LLC
Chambersburg PA
CBHW021920170526
45157CB00005B/2115